PRIX : UN franc

LA PUISSANCE ÉCONOMIQUE DU JAPON

PAR

Maurice DEWAVRIN et Jean DUHAMEL

Bureaux de l'*INFORMATION*
10, PLACE DE LA BOURSE, 10
PARIS

1917

LA

PUISSANCE ÉCONOMIQUE DU JAPON

PAR

Maurice DEWAVRIN et Jean DUHAMEL

Bureaux de l'*INFORMATION*
10, PLACE DE LA BOURSE, 10
PARIS

1917

La Puissance économique du Japon

Le développement économique de l'Empire du Soleil-Levant ne date pas d'hier. Commencé avec la guerre sino-japonaise, s'appuyant sur cette première victoire, puis sur un triomphe plus éclatant et plus sensationnel, celui remporté en 1905 sur les Russes, il constituait, dès avant le conflit mondial actuel, un des phénomènes les plus curieux et les plus déconcertants de notre époque. En vingt-cinq ans, un empire exotique presque inconnu avait réussi, par son adaptation aux méthodes économiques et techniques les plus modernes, à devenir une des grandes puissances mondiales. Le brusque réveil d'une race endormie inquiétait déjà certains esprits du vieux monde, et l'on nous parlait du péril jaune.

Mais, à la veille du grand bouleversement européen, ce développement, par suite de sa rapidité même, paraissait subir un temps l'arrêt. La production dépassait les besoins du marché intérieur, sur lequel se manifestait largement la concurrence européenne, et d'une exportation insuffisamment organisée. Un temps de crise s'ouvrait.

La guerre a modifié soudainement cet état de choses. Le trafic entre l'Europe et l'Extrême-Orient s'est trouvé restreint ou même supprimé. D'autre part, les belligérants, non contents de renoncer temporairement aux marchés d'Extrême-Orient, ont été demander un peu partout les approvisionnements de toute nature dont la guerre doublait, triplait la consommation. Aussi le Japon, organisé pour une production intensive, s'est-il tout naturellement trouvé au premier rang des grands « fournisseurs de guerre ». Un enrichissement prodigieux, une augmentation considérable du nombre des entreprises, un accroissement sensible de la marine marchande, de l'extraction minière, de la production métallurgique et de celle des filatures, la création d'industries nouvelles, tels ont été les heureux résultats de cette situation privilégiée.

I

LA GRANDE INDUSTRIE

Mines et Métallurgie

L'expansion économique du Japon s'est surtout donné carrière dans le domaine de la grande industrie et de la marine marchande. Le progrès agricole, quoique réel, vient au second rang. L'exploitation des forêts reste toujours un élément important de la richesse nationale. D'autre part, la récolte annuelle du riz, grâce à l'amélioration des methodes culturales, suffit maintenant, dans les bonnes années, à la consommation nationale, et c'est là certes un fait qui a son importance pour notre Indo-Chine, menacée par là de perdre un de ses principaux débouchés. Néanmoins ces aspects de la question sont accessoires. La puissance économique du Japon se manifeste actuellement surtout par le développement de la grande industrie.

Ce développement est doublement significatif, d'abord par les résultats auxquels il aboutit dès maintenant, mais encore plus par la perfection des méthodes employées et les perspectives d'avenir qu'elles ouvrent.

Rien n'est plus saisissant, à cet égard, que la statistique des capitaux engagés dans l'industrie durant les années 1915 et 1916. Elle établit de manière concrète l'ampleur du progrès, elle en dessine la courbe ascendante. En 1915, la valeur des créations nouvelles ou des augmentations de capital atteignait déjà 293 millions de yens (1). L'année suivante, elle dépassait 600 millions de yens, soit, en deux ans, près d'un milliard de yens ou deux milliards 1/2 de francs de mise de fonds supplémentaire. A la prospérité et à la confiance du pays répond une capacité d'absorption sans cesse plus grande de l'industrie.

Ce brillant résultat ne revient pas au seul mérite de l'initiative privée. Aussi bien, dans le monde économique moderne, est-il possible à l'industriel de réaliser de tels progrès si les pouvoirs publics ne secondent son effort en réalisant cette organisation collective de la production sans laquelle l'activité individuelle reste inutile ? — Le gouvernement japonais a une politique économique très nette. Elle part de ce point de vue que l'Empire, doué par la nature d'une très grande variété de ressources et d'aptitudes, doit se suffire à lui-même et se passer de la vieille Europe. Connaissant tout le poids de la technique dans l'industrie moderne, elle cherche à vulgariser les meilleures méthodes européennes. Sachant enfin qu'une production intensive réclame le stimulant et la soupape d'une large exportation, elle vise à la conquête méthodique des débouchés les plus lointains, comme les plus proches. Cette action gouvernementale dans l'organisation de l'industrie et du commerce se rencontre dans tous les domaines. Elle accompagne heureusement l'activité d'un peuple de 56 millions d'hommes qui, par leur ambition de gain et leur ardeur au travail, sont vraiment les Américains de l'Extrême-Orient.

Cette action gouvernementale ne s'est nulle part

(1) La parité du yen en franc est de 2 fr. 58 environ ; actuellement, il fait sur le franc une prime d'environ 15 0/0.

fait sentir aussi nettement que dans l'industrie minière. Le sol japonais, d'origine volcanique pour les 2/3, d'une forme géologique très mouvementées, renferme les richesses minérales les plus diverses : charbon, pétrole, cuivre, autres minerais. Dans quelle mesure exacte, il serait difficile de le définir dès maintenant. Mais les résultats déjà atteints autorisent les plus belles espérances.

En 1874, quelques années donc après la Révolution japonaise, la valeur totale de la production minérale ne dépassait pas 1.540.000 yens : les procédés d'extraction rudimentaires tenaient de la carrière beaucoup plus que de la mine. La mise en exploitation des gisements selon les méthodes européennes, avec le concours d'ingénieurs anglais, commence vers 1880, grâce à l'action directe du gouvernement impérial. Il institue une école des mines. Sagesse plus rare, dès qu'une exploitation est mise en train et réalise des bénéfices, le gouvernement provoque la constitution d'une société à laquelle il la concède. Il a pris à sa charge les risques, il rend les bénéfices à l'industrie privée. Cependant il garde toujours un droit de contrôle très étendu sur le fonctionnement technique et financier de la Compagnie; c'est, en somme, une méthode de prudente émancipation. Elle donne les plus remarquables résultats. En effet, la valeur totale de l'extraction atteignait déjà en 1896, 26 millions de yens : en 1910, elle passait à 49 millions ; en 1911, à 105 millions ; en 1913, à 145 millions ; en 1916, à 170 millions de yens.

Les principaux éléments de cette production sont le charbon, le cuivre et le pétrole. Les houillères ont donné, en 1914, 23 millions de tonnes — charbon bitumineux — de qualité d'ailleurs souvent médiocre. Les concessions, au nombre d'une cinquantaine, se trouvent aux mains de quelques grandes compagnies très puissantes. (Compagnie Mitsui,

Compagnie Kajima, Compagnie Houillère et de Navigation à vapeur d'Hokkaïdo, etc.). Les exportations atteignent 1/5e environ de la production, et représentent en temps normal une valeur d'une vingtaine de millions de yens. La diffusion du charbon japonais dans les mers orientales devient inquiétante pour ses concurrents : on le rencontre non plus seulement en Chine, mais en Australie, aux Indes, aux Etats-Unis même.

A ces ressources déjà supérieures aux besoins de la consommation vient s'ajouter la houille blanche. L'orographie tourmentée du pays y a multiplié les chutes, et leur application industrielle remonte à 1889. On voit là un curieux exemple de la rapidité avec laquelle le Japon s'assimile les nouveautés de la technique européenne.

Enfin, à côté du charbon et de la houille blanche, le pétrole. L'exploitation du premier puits d'Echigo date de 1890. Depuis lors, de nouveaux gisements ont été découverts dans les provinces d'Ugo, d'Azita et à Formose. De 1912 à 1916, la production totale est passée de 1.650.330 barils à 3.140.000. Le chiffre commence à devenir sérieux, mais surtout la rapidité de la progression apparaît significative. Elle se traduit, comme résultat immédiat, par une sensible diminution des importations américaines.

Le Japon se place au second rang de la production mondiale de cuivre. De 1904 à 1913, l'extraction s'est élevée de 35.000 à 73.000 tonnes, soit plus de 100 0/0. Les évaluations faites pour 1916 donnent environ 80.000 tonnes. Les gisements sont nombreux : 140 environ, et répartis sur toute la surface de l'Empire. Il y a encore quelques années, la quasi-totalité du cuivre raffiné était exportée en Europe : il n'existait pas encore dans le pays d'installations pour le traitement du métal. L'activité des constructions navales a modifié rapidement cette situation ; la demande d'objets en cuivre, tubes, tôles, tuyaux, chaudières, etc..., a provoqué la création de cinq à six compagnies très puissamment outillées financièrement et industriellement. L'exportation d'objets manufacturés représente, pour 1915, une valeur de 38 millions de yens, soit 18 millions de plus qu'en 1913. D'autre part, grâce à l'augmentation continue de la production, l'exportation du cuivre en saumons, un moment arrêtée par le développement même de la construction mécanique, reprend sa marche ascendante.

Même processus pour le zinc. Deux grandes sociétés minières, le Mitsui et l'Osaka, viennent de créer au Japon la métallurgie du zinc. Les débuts ont été des plus difficiles en raison du défaut d'argile, et ces compagnies ont dû travailler à perte. Mais là encore, l'activité des chantiers maritimes et les commandes des Alliés, en intensifiant la demande et en haussant les prix, ont fait doubler le cap périlleux, et actuellement la métallurgie du zinc fonctionne de manière satisfaisante.

Dans une énumération complète des richesses minières du Japon, il faudrait encore citer le plomb, l'étain, le nickel, l'antimoine, l'or et l'argent. Mais ce sont là des exploitations encore à leur début, qui n'ont guère dépassé pratiquement la période des recherches, et nous devons négliger ces accessoires pour montrer le point noir de la question minière au Japon : le fer.

L'archipel nippon est presque entièrement dépourvu de fer. Le traitement des pyrites et des hématites dont on trouve quelques gisements dispersés donnait en 1915, 110.000 tonnes : c'est une quantité pratiquement négligeable. La création d'une forte industrie métallurgique constituait de ce fait un véritable problème. Il doit être considéré aujourd'hui comme en voie de solution. D'importants établissements sidérurgiques ont été mis en marche en 1915 et 1916, soit à Kobé, soit à Yamaguchi, au centre du principal bassin houiller qui promet de devenir le Pittsburg japonais. Même on escompte déjà l'avenir : une grosse firme, la Société des Aciéries de Tokoyamachi n'ouvrira ses portes que dans quatre ans. En réalité, il faut attribuer aux circonstances exceptionnelles de la guerre ce développement qui est quelque peu factice et ne répond pas aux ressources indigènes en minerai. Les constructions navales et les fabrications des armes et des munitions pour les Alliés expliquent cette naissance soudaine d'une métallurgie. De 1914 à 1915, la consommation du pays en fonte d'acier a varié, paraît-il, de 600.000 à 1 million 200.000 tonnes. Or, jusqu'ici, la production des fonderies indigènes ne dépasse guère 350.000 tonnes. Il y a donc un effort considérable à réaliser pour arriver à se passer de l'étranger (Angleterre, Etats-Unis).

Le Japon, pour devenir la grande puissance métallurgique qu'il veut être, devra avoir le contrôle économique des pays voisins riches en fer : Mandchourie, Corée, Chine. L'attrait des minerais coréens et mandchous n'a certes pas été étranger à la guerre de 1905. On estime la réserve des gisements coréens à 30 millions de tonnes de minerai environ : ceux de Mandchourie à 250 millions. Si les premiers sont déjà en exploitation, les seconds ne constituent encore qu'une espérance. On se préoccupe beaucoup actuellement, au Japon, d'intensifier la production coréenne. Mais ce n'est là encore qu'un expédient.

Aussi, les maîtres de forges nippons paraissent se diriger vers une autre solution moins précaire, qui consisterait, par des participations financières habiles, à mettre la main sur les gisements chinois de Shantung et de Shansi. Un puissant consortium, la Société Industrielle Sino-Japonaise, vient d'obtenir plusieurs concessions du gouvernement chinois ; une grande fonderie, au capital de 50 millions de yens, fonctionnera au siège d'extraction même.

Sagement appliquée, cette méthode peut être fructueuse et assurer au Japon le minerai qui lui manque. Elle rappelle quelque peu les procédés mis en œuvre, dans les dernières années avant la guerre.par la métallurgie allemande.Si elle dénote une puissance financière incontestable et des plans singulièrement hardis il est malaisé de se dissimuler la gravité des problèmes politiques qu'elle pourrait soulever dans l'avenir.

II

INDUSTRIES TEXTILES

et autres industries

On a constaté à propos des industries minières et métallurgiques, la brusque apparition des grandes entreprises vers 1880 : il y a eu là quelque chose comme une génération spontanée, une floraison prodigieusement rapide succédant au néant. Les autres industries, au contraire, se sont développées selon un processus assez différent. Le Japon, avant l'ère de sa modernisation, n'ignorait pas l'industrie, mais il n'en connaissait que ce qui pouvait convenir aux formes économiques qu'il avait conservées, c'est-à-dire au travail manuel et à l'atelier familial. C'est ainsi que, depuis la très haute antiquité, le Japon a connu et pratiqué le tissage de la soie et du coton, la fabrication de la porcelaine, la peinture sur laque, etc... Dans ces industries déjà appuyées sur une longue tradition et une réputation fortement acquise, le progrès economique des dernières années, non moins vif qu'ailleurs, s'est manifesté non plus sous la forme d'une apparition soudaine, mais d'une transformation, d'une adaptation aux méthodes modernes. A l'atelier de famille a succédé la grande entreprise, au métier à la main le métier mécanique. En somme, le Japon a passé là par les mêmes étapes que la vieille Europe, mais il les a brûlées avec une vitesse double et triple. Aujourd'hui, la puissance de ses industries se dresse en rivale menaçante devant ses sœurs ainées d'Occident.

Là encore, la guerre de 1905 a entraîné un accroissement considérable de la production ; à cet égard, voici, en approximation, le pourcentage de l'augmentation de production de quelques industries de 1906 à 1914 inclus :

Filatures de coton	26 0/0
Tissages de coton	67 0/0
Tissages de soie	30 0/0
Faïenceries	73 0/0
Papeteries	46 0/0
Minoteries	153 0/0

Il n'est pas possible d'évaluer encore la nouvelle augmentation que n'a certes pas manqué d'amener la grande guerre européenne. En effet, les douze ou quinze premiers mois ont été marqués par une certaine crise et ce n'est guère qu'en 1916 que la demande très active des Alliés a entraîné une poussée de la production dans toutes les branches. Mais cette poussée a été très forte, n'en doutons pas : on en relève un peu partout les symptômes très nets. Les produits de l'industrie textile japonaise apparaissent sur tous les marchés d'Orient et d'Amérique ; c'est ainsi que les veloutiers japonais fournissent, depuis quelque temps, les Etats-Unis, l'Amérique du Sud, les Antilles ; dans ces mêmes pays, nos rubanniers de Saint-Etienne rencontrent également la concurrence japonaise et ils ne laissent pas de la ressentir vivement. Ce sont là les indices évidents de très grands progrès commerciaux. On peut faire les mêmes constatations pour les papeteries qui de 1914 à 1916 ont augmenté leurs exportations de 36 0/0. D'une manière générale, les indications d'avant guerre sur la capacité des industries japonaises doivent, si l'on veut rester dans la réalité, être fortement majorées.

En tête des industries textiles viennent celles de la soie et du coton. Toutes deux très anciennes dans le pays, elles représentent le type du petit métier familial devenu grande industrie. La production de soie grège s'élevait, avant la guerre, à 21 millions de kin (1) représentant une valeur de 180 millions de yens. La filature occupe 64.000 broches. La forte quantité de soie grège traitée dans le pays (1/3 de la production) est absorbée complètement par de grosses firmes, réunissant un capital effectif de 9 millions de francs : on assiste là à une véritable concentration industrielle. L'importance de la production augmente chaque année, mais le nombre des entreprises diminue parallèlement par des fusions.

Même phénomène dans la filature du coton ; 21 établissements se partagent un capital total de 190 millions de francs. Pour la filature du chanvre et du jute, qui a pris ces derniers temps une très grande extension, la concentration s'est encore plus fortement accusée : d'une quinzaine d'établissements qui existaient en 1905, il n'en subsiste plus qu'un seul formé de la fusion de tous les autres, l'Imperial Hemp Manufasturing C°.

Cette adaptation aux formes les plus modernes de la grande industrie a eu les plus heureux résultats. On va mesurer les progrès accomplis dans ce domaine de 1905 à 1911 :

---

(1) Le *Kin* égale environ 0 k. 600 grammes.

Production de soies kwan (1)	1906	1911
Soie grège	1.408.000	2.338.000
Filé de soie	300.000	400.000
Filé de coton	46.158.000	55.974.000
Filé de chanvre et de jute	758.000	1.402.000

Le tissage a suivi, durant cette période, un mouvement ascendant parallèle. En 1900, la production des tissus de soie et de coton représentait respectivement une valeur de 74 millions et 57 millions de yens. En 1913, la valeur des tissus de soie était passée à 96 millions de yens, et celle des tissus de coton à 121 millions. L'industrie de la soie est concentrée à Kyoto et dans les environs. La teinture, cette opération capitale dans la confection d'un tissu, et si délicate, tend à se perfectionner : sans égaler en habileté et en variété les teintureries lyonnaises, la teinturerie de Kyoto apporte un fort grand soin et réussit à présenter au public des brocarts, des taffetas, des reps dont on sait la magnificence. Depuis la guerre, le Japon s'est mis à fabriquer le velours, qui y était encore inconnu. De même, dans le domaine de l'industrie cotonnière, une branche presque totalement ignorée, la bonneterie, a pris, du fait de la guerre, un extraordinaire développement : les demandes intenses des sous-vêtements chauds de la part des belligérants a pour ainsi dire créé cette industrie nouvelle.

Un exemple plus saisissant encore de l'action décisive de la guerre actuelle sur l'expansion industrielle japonaise, c'est la subite floraison de l'industrie lainière. En 1913, la valeur des tissus de laine fabriqués au Japon ne dépassait pas le chiffre relativement modeste de 22 millions de yens. Mais, depuis lors, les laines australiennes et argentines, refoulées d'Europe par les difficultés

(1) Kwan : 3 kg. 71.

de tout genre, se sont acheminées en masse vers l'empire nippon ; elles y ont trouvé un emploi avec l'énorme fabrication de drap de troupe, dont le Japon est ainsi devenu un véritable entrepôt. Et de cette manière, d'après les évaluations pour 1917, les produits de l'industrie lainière auraient représenté la valeur considérable de 89 millions de yens, soit une augmentation de 400 0/0.

Dans l'ensemble, la valeur totale des produits de l'industrie textile japonaise qui n'était en 1900 que de 178 millions de yens, atteignait, en 1906, 210 millions ; en 1911, 316 millions; elle oscillerait à l'heure actuelle autour de 550 millions.

Gardons-nous bien de considérer cette prodigieuse expansion comme un phénomène transitoire, destiné à disparaître avec la cause qui l'a amenée, c'est-à-dire la guerre européenne. De si grands bouleversements ne s'effacent pas aussi vite qu'ils se produisent. Les capitaux engagés, l'outillage constitué, les stocks de matières premières amassés exigent un emploi ; d'autre part, il s'est créé, à la faveur de la production intensive due à la guerre, des courants commerciaux nouveaux entre le Japon et ses clients ; l'habitude du produit japonais s'implante, et c'est, en somme, pour une véritable conquête du marché mondial que l'industrie textile japonaise est partie ; elle ne s'arrêtera pas à mi-chemin. Comme à la suite des guerres de 1895 et de 1905, nous voyons aujourd'hui l'industrie japonaise se hisser sur un nouveau gradin d'où elle ne redescendra plus.

Il serait vain, croyons-nous, de s'arrêter au détail de chaque industrie : papeterie, minoterie, porcelainerie, etc... On y relèverait, d'une manière plus ou moins accentuée, le même progrès par les mêmes méthodes et pour les mêmes raisons. Pour la papeterie, par exemple, la valeur des produits fabriqués est passée de 7 millions de yens en 1900 à 18 millions en 1911 et 29 millions en 1915.

Enfin, il n'est pas moins significatif d'assister à la naissance, en pleine guerre, de la grande industrie chimique. Ces derniers mois, en effet, il s'est constitué, au capital imposant de 8 millions de yens, une « Fabrique de colorants japonais » qui vise à affranchir l'empire de la dépendance étrangère à ce point de vue. Cette firme, dès aujourd'hui, suffit dans une large mesure à la consommation nationale.

Ce dernier exemple caractérise la méthode qui a présidé à la constitution de la grande industrie japonaise. Les traits essentiels en sont l'étendue des moyens financiers mis en jeu, la perfection technique, l'obtention immédiate des résultats, enfin la continuité de l'effort. Cette même méthode qui a fait la grandeur industrielle du Japon a fait aussi sa prospérité commerciale et maritime.

III

LA MARINE MARCHANDE

La marine marchande japonaise est la cadette de toutes celles des puissances de premier ordre. C'est qu'en effet, de par une ordonnance d'un *shogoun* (maire du palais) misonéiste et fanatique, nommé Iyevitsou, la construction des jonques de haute mer avait été prohibée vers le milieu du XVIIe siècle, et cet interdit n'avait été levé qu'en 1853, plus de deux cents ans après. Quinze ans plus tard, avec l'ère libératrice du Meiji, point de départ de l'accession du Japon à la vie moderne, commencèrent les premiers achats de navires de commerce européens.

Contrairement au proverbe, le temps perdu devait être rattrapé, et dans un délai relativement assez court. De 1870 à 1913. en moins d'un demi siècle, la flotte marchande nipponne a passé de 17.000 tonneaux de jauge à 2.086.000, c'est-à-dire qu'elle a plus que *centuplé* d'importance, et monté du dernier rang au sixième parmi les flottes de commerce du globe. Trois étapes successives marquent ce prodigieux essor, et chacune d'elles correspond à un événement d'ordre militaire : campagne de Formose, conflit armé sino-japonais, guerre russo-japonaise. Cette série de coïncidences s'explique sans peine : chaque fois où l'empire nippon a dû tirer l'épée, il a été nécessaire d'acquérir au dehors, sans se préoccuper du prix, de nouveaux bâtiments pour le transport des troupes. La lutte terminée, le trafic commercial a absorbé sans peine les navires devenus sans emploi.

De ces étapes, la plus importante a été franchie à l'époque de la guerre russo-japonaise. A s'en tenir aux navires à vapeur, le tonnage de la flotte de commerce nipponne atteignait, en 1904, 791.000 tonneaux de jauge brute. En 1906, il se retrouve à 1.035.000 tonneaux, soit une augmentation de plus de *trente pour cent* en deux ans. La proportion revenant aux bâtiments à propulsion mécanique dans le tonnage global de la marine marchande de l'Empire n'a d'ailleurs point cessé de s'accroître depuis cette époque. En 1913, elle atteignait 78 0/0.

La guerre mondiale a contribué, elle aussi, à l'augmentation des effectifs de la flotte commerciale japonaise, mais pour des motifs tout différents de ceux qui, lors des conflits précédents, avaient entraîné la même conséquence. Il ne s'agit plus cette fois de transporter des troupes, mais de parer aux conséquences de la raréfaction des navires européens, atteints par la réquisition. Grâce à l'emploi de différents moyens, que nous verrons bientôt, au 30 avril 1917, le tonnage total des navires marchands nippons se montait, d'après des renseignements de bonne source, à deux millions 333.000 tonneaux de jauge brute, soit 247.000 (12 0/0) de plus qu'à la fin de 1913 En ajoutant à ce chiffre le tonnage immatriculé au port mandchou de Daïren (Dalny),tonnage couvert lui aussi par le pavillon japonais, comme aussi la production des chantiers indigènes pour 1917 et 1918, on trouve qu'à la fin de ce dernier exercice la marine marchande de l'Empire du Soleil Levant comptera — si les circonstances s'y prêtent — près de trois millions de tonneaux de jauge brute : elle sera ainsi montée, en cinq ans, du sixième au quatrième rang parmi celles du monde entier.

Nous venons de faire une brève allusion à la construction navale japonaise. Cette industrie était encore, il y a quelque vingt ans, peu florissante. En 1896, il n'était encore sorti des chantiers nippons qu'un contingent dérisoire de *trois mille cinq cents tonneaux de navires*. Mais la même année intervint une mesure législative qui devait donner à cette industrie une vigoureuse impulsion, en établissant un régime, inspiré du protectionnisme le plus accentué, de primes aux constructeurs. Aussi, pour la période 1896-1911, la production totale des chantiers japonais s'estelle élevée à 500.000 tonneaux. Pour qui connaît la pierre d'achoppement de la construction mécanique dans le pays, la pauvreté du sous-sol en minerai de fer, ce résultat, même mis en présence des 860.000 tonneaux achetés à l'étranger, est un véritable tour de force.

Le début du conflit de 1914 marque pour la construction navale nipponne le point de départ d'une progression sans précédents. L'achat de navires au dehors devient de plus en plus difficile, passé la première année de guerre : des interdictions de vente à l'étranger sont successivement édictées par les belligérants et la plupart des neutres. L'Empire ne peut donc compter pour accroître sa flotte de commerce que sur lui-même. Aussi dans un espace de temps très limité, le nombre des chantiers navals japonais double-t-il, passant de 18 à 37, et leur production suit-elle une marche ascendante nettement caractérisée, s'élevant de 50.000 tonneaux, moyenne des cinq années immédiatement antérieures à la guerre, à 98.000 pour 1915, puis à 246.000 pour 1916. Quant au rendement de 1917, il est évalué à 281.000 tonneaux (1). Ce dernier chiffre est toutefois sujet à caution, car, comme un article de l'*Economist* le faisait observer avec raison, le Royaume-Uni, puis, quelques mois après leur entrée en guerre, les Etats-Unis, ayant successivement, durant l'exercice en cours, arrêté toute exportation de tôles, cornières et profilés, les constructeurs nippons se voient réduits, pour les derniers mois de la présente année, en fait de matières premières, à la portion congrue, c'est-à-dire à ce que l'industrie indigène peut leur assurer de matières premières : 3 à 4.000 tonnes métriques par mois. Aussi l'un des motifs qui ont dicté au gouvernement japonais le récent décret du 29 septembre 1917, qui interdit la vente des navires à des étrangers, est-il le souci de réserver la production des chantiers nationaux à l'armement nippon.

***

Dans l'effectif total de la flotte marchande japonaise, les grandes compagnies de navigation tiennent une place considérable. Les trois plus importantes d'entre elles prennent à elles seules

---

(1) Chiffres donnés par la *Lloyd's List*.

près de 40 0/0 du tonnage d'ensemble des navires à vapeur immatriculés, tant au Japon qu'à Dalny.

Ces entreprises sont les suivantes :

La *Nippon Yusen Kaïsha*, au capital de 40 millions de yens, dont une partie seulement est versée. Sa flotte s'élève à 100 navires, jaugeant au total 462.000 tonneaux, chiffre supérieur à celui de la plus puissante des compagnies françaises, la Compagnie Générale Transatlantique. Elle dessert principalement les ports australiens (Sydney, Melbourne, et, depuis la guerre, Wellington, en Nouvelle-Zélande), ceux de l'Inde (Calcutta, Bombay), la côte Pacifique des Etats-Unis, Londres, avec escales à Shanghaï, Hong-Kong, Singapour, le Cap, etc. Enfin, elle a, en 1916, inauguré un service mensuel sur New-York, par le canal de Panama.

L'Osaka Shosen Kaïsha, qui vient au second rang, comporte un capital de 25.000.000 de yens, non entièrement payé, et compte 57 bâtiments d'une jauge globale de 190.000 tonneaux. Cette Compagnie assure le service entre les ports japonais d'une part ; Formose les ports hindoustaniques, la Chine, le Tonkin, différents ports américains du Pacifique, de l'autre.

La troisième place est échue à la *Toyo Kisen Kaïsha*, d'envergure plus modeste, avec 10 navires seulement et 90.000 tonneaux. Ses lignes sont celle de Hong-Kong à San-Francisco, avec escales dans les ports japonais et celle du Sud-Amérique.

Les compagnies japonaises sont aidées dans leur tâche par les subventions du gouvernement, qui sont accordées tant à la navigation au cabotage qu'à celle au long cours. Très libéralement allouées par le régime établi en 1896, ces bonifications ont été successivement réduites, parallèlement au développement pris par la marine de commerce nationale. En 1910, elles ont été restreintes à un petit nombre de lignes, et, en 1915, leur montant a été notablement réduit pour les cinq années suivantes

***

La hausse générale et continue des frets a permis à l'ensemble de l'armement japonais, et en particulier aux grandes entreprises, de réaliser de substantiels profits. Bornons-nous à deux exemples, particulièrement significatifs. Pendant les cinq semestres compris entre octobre 1914 et mars 1917, la *Nippon Yusen Kaïsha* a vu ses bénéfices nets semi-annuels passer de 6 millions à 50 millions de francs, en chiffres arrondis. Mais les plus grosses aubaines sont allées souvent aux petits armateurs, appelés à rémunérer des capitaux de modique importance : aussi l'un d'eux a-t-il pu distribuer à ses commanditaires, pour l'une des années de guerre, un dividende supérieur à *six cents pour cent.*

Les dirigeants des compagnies maîtresses n'ont eu garde de dissiper par des distributions intempestives les gains exceptionnels réalisés à la faveur des circonstances. Tout au contraire, ils ont eu grand soin de réserver une notable partie de ces profits extraordinaires à l'augmentation de la flotte et au renforcement de la situation financière sociale.

***

Que peut-on, en tablant sur les résultats déjà acquis comme aussi sur les projets en voie de réalisation, augurer de l'avenir de la marine marchande japonaise ? Certes, il ne peut être question pour celle-ci de se hausser au niveau de la flotte de commerce britannique, ni même de celle des Etats-Unis, étant donnée l'activité extraordinaire déployée depuis six mois dans le domaine maritime par le gouvernement de ce dernier pays. Par contre, les circonstances la mettront peut-être à même de se hausser au troisième rang en prenant la place de l'Allemagne. En effet, tout porte à croire qu'après sa défaite la nation pirate se verra contrainte, sinon de remplacer *tonne* pour *tonne* — ce qui serait impossible, vu le total des pertes déjà subies — les navires de commerce alliés coulés par ses sous-marins et croiseurs, du moins de réparer en nature une partie notable du préjudice causé de ce chef au groupe de l'Entente. Il en résulterait, nonobstant la politique actuelle de constructions à outrance suivie par nos ennemis, un affaiblissement marqué de la flotte marchande germanique dont nos amis et alliés de l'Extrême-Orient seraient le principal bénéficiaire, eu égard aux effectifs qu'ils peuvent déjà mettre en ligne.

Le seul point noir, nous l'avons signalé, est le manque de matières premières de la construction navale. On est toutefois en train de combler cette lacune, comme nous l'avons dit plus haut. En faisant appel aux vastes ressources de la Chine, si peu, si mal exploitées encore, l'Empire du Soleil Levant pourra rendre sa construction navale indépendante, et, désormais, plus rien ne s'opposera aux progrès de sa marine marchande

IV

LE COMMERCE EXTÉRIEUR

L'extraordinaire développement des grandes industries, d'une part, et, d'autre part, l'augmentation très sérieuse du tonnage de la marine marchande ont amené à la fois un mouvement ascendant rapide des exportations et une sensible restriction des importations. La coïncidence de ces deux facteurs agissant en sens inverse a profondément modifié la physionomie économique générale de l'empire japonais.

Le mouvement du commerce extérieure du Japon (1) durant les cinq dernières années antérieures à la guerre s'exprimait par les chiffres suivants : (2)

	Importations	Exportations
	(Millions)	
1909	394	413
1910	464	458
1911	514	447
1912	619	527
1913	729	632

Aux deux termes d'une période de vingt ans, 1893 et 1913, le commerce extérieur du Japon ressortait à :

	Importations	Exportations
	(Millions)	
1893	89	90
1913	729	632

On mesure ainsi le chemin parcouru par ce peuple né d'hier à la grande industrie !

---

(1) A l'exclusion de la Mandchourie et de la Corée.
(2) Ces chiffres, comme tous ceux qui vont suivre, sont donnés en yens.

Cependant, en 1915, la balance du commerce japonais restait défavorable, puisqu'elle se soldait par un excédent d'importations de 97 millions de yens, soit près de 250 millions de francs. De plus, il est à remarquer que les importations s'élevaient légèrement plus vite que les exportations. les premières ayant progressé, de 1911 à 1913, de 42 0/0 et les secondes, dans la même période, de seulement 39 0/0. L'accroissement régulier des exportations ne paraissait donc pas de nature à rétablir une situation plus favorable.

Cette prédominance des importations s'explique parfaitement du fait que le Japon se trouvait dans la dépendance de l'étranger pour un certain nombre de denrées alimentaires et de matières premières de première nécessité. Dans les produits alimentaires, le riz entrait en 1913 dans le total des importations pour 6,5 0/0, le sucre pour 5 0/0, les tourteaux pour 4,5 0/0. D'autre part dans les matières premières essentielles, le coton brut figurait également dans ce total pour 35 0/0, le minerai de fer pour 20 0/0. Enfin certains produits ouvrés que l'industrie nationale livrait en quantités encore insuffisantes venaient encore accroître les importations : produits sidérurgiques semi-ouvrés 6 0/0, machines 6 0/0.

On voit que, pour les articles précisément les plus indispensables, le Japon, en voie de s'organiser en vue d'une forte production industrielle, était dans une large dépendance de l'étranger.

Les relations les plus actives se trouvaient naturellement établies avec les pays voisins de l'Extrême-Orient et de l'Insulinde. En 1913, l'Inde anglaise avait expédié au Japon pour 173 millions de yens, la Chine 6, les Indes hollandaises 35, l'Indo-Chine 21, Hong Kong 31. Après ces voisins, les principaux fournisseurs du Japon étaient les Etats-Unis, l'Angleterre et l'Allemagne. Voici la valeur des expéditions de ces trois pays au Japon en 1913 :

	Valeur	% dans l'ensemble des importations
	(Millions de yens)	
Etats-Unis	1[illegible]3	17 %
Angleterre	122	17
Allemagne	68	9.25
France	6	0 8

Là encore comme en tant d'autres pays, remarquons-le en passant, l'Allemagne avait su prendre une place privilégiée, puisqu'elle venait au second rang des pays européens, tandis que nos affaires avec notre alliée d'aujourd'hui n'atteignaient qu'un chiffre insignifiant.

Le premier résultat de la guerre européenne, résultat qui se manifesta immédiatement dès le mois d'août 1914, est une forte baisse des importations. On ne saurait s'en étonner. Durant les cinq derniers mois de 1914, le trafic d'importations présente une diminution de 35 0/0 ; pour l'ensemble de l'année le chiffre global tombe à 532 millions de yens, soit un fléchissement de 27 0/0 par rapport à 1913. Les exportations fléchissaient aussi, mais dans une bien moindre proportion. Elles atteignaient en fin d'année 591 millions ; le déficit sur 1913 se limite à 6 1/2 0/0, la balance du commerce devient favorable. C'est l'inverse de la situation d'avant-guerre, et ce fait présente une grande importance : il fait du Japon un pays exportateur. Ainsi cette volonté nettement exprimée, on l'a vu, de se suffire à soi-même, de se passer du vieux monde reçoit dès le début du conflit européen un commencement de réalisation. Le prodigieux accroissement de la grande industrie, en amenant dans les branches les plus importantes de l'activité industrielle une augmentation du tonnage produit, raréfie l'importation étrangère. Aussi cette raréfaction va-t-elle persister dans les années suivantes. Si en effet, d'une matière absolue, le chiffre des importations remonte avec lenteur, du reste, au cours des années suivantes, il n'en reste pas moins inférieur à celui des exportations. On appréciera la proportion existant entre ces deux éléments en jetant un coup d'œil sur les chiffres suivants

	Importations	Exportations
	(Millions de yens)	
1914	532	591
1915	532	708
1916	756	1.127

Les caractéristiques qui ressortent de ces chiffres sont, d'une part, le retour assez pénible des importations aux moyennes d'avant-guerre, ce qui, étant donnée l'élévation des prix, signifie une diminution réelle du tonnage importé ; d'autre part, une fantastique progression des exportations, qui, après un temps d'arrêt trop violent en 1914, se présentent finalement, en 1916, en plus-value de 77 0/0 sur 1913. C'est là une proportion véritablement impressionnante. L'effort industriel de ces trois années, appuyé sur l'effort maritime, a modifié d'une manière complète la physionomie économique du Japon.

Cette modification n'affecte pas moins la nature du commerce intérieur que ses chiffres. En 1913, le principal article d'exportation était de beaucoup la soie grège, qui représentait à elle seule 30 0/0 du trafic ; en 1916, elle n'en représente plus que 25 0/0. Au contraire, on relève des augmentations considérables sur les produits de la filature et de la métallurgie. D'après des évaluations portant sur le premier semestre de 1917, voici les coefficients d'augmentation des produits de la grande industrie à l'exportation :

	%
Filés de coton	28
Tissus de coton	85
Produits métallurgiques ouvrés	25
Minerais et métaux	32
Houille	4
Porcelaine et verrerie	21
Potiches	15

Au contraire, les produits agricoles qui faisaient autrefois l'objet d'un trafic important tendent plutôt généralement à la baisse. C'est le cas actuellement pour le thé, les produits de pêcheries et les bois.

Ce court exposé, dans sa sécheresse, aura du moins éclairé, nous l'espérons, l'aspect principal de la question, ce qui doit nous retenir davantage, nous Européens et nous Français. Les deux guerres de 1895 et de 1905 avaient mis le Japon au rang des grands Etats politiques. Le conflit actuel l'a placé économiquement au même niveau que les premières puissances européennes ou américaines.

Dans quelle mesure cette situation nouvelle, brusquement apparue, peut-elle nous intéresser, dans le présent et surtout dans l'avenir ? Il n'est pas sans importance, on en conviendra, de voir apparaître ainsi sur la scène économique mondiale un acteur qui, du premier coup, s'est révélé comme une vedette.

Un premier point semble, dès maintenant, acquis : l'entrée du Japon dans l'Entente a fait tomber son trafic avec l'Allemagne à néant : et, de ce fait, il y a là une place à prendre, qui appartiendra au plus diligent. Si l'on considère la nature de certains articles d'importations allemandes au Japon : cotonnades de bas prix, articles de bimbeloterie et de ménage, machines agricoles, appareils électriques, malles, il semble très possible que nous recueillions pour partie le fruit de la disparition de nos ennemis. Il faut nous y prendre dès maintenant.

Singulièrement plus soucieux pour les intérêts européens est le rayonnement du commerce japonais dans les milieux extrême-orientaux. La progression de ce trafic, très marquée avant la guerre, s'est accentuée depuis lors de manière saisissante. Voici les chiffres :

	Millions de yens
1902	101
1912	218
1916	482

Soit, depuis le début de la guerre, un progrès de 120 0/0. Pour d'autres régions, la progression prend des proportions encore plus grandes. De 1915 à 1916, les exportations japonaises en Afrique du Sud se sont élevées de 310 0/0 et en Amérique du Sud de 139 0/0. Pour l'Europe et les Etats-Unis, le gain réalisé se solde encore par de jolis pourcentages de 40 0/0 et 79 0/0. On rencontre aujourd'hui partout la concurrence des textiles japonais aux Antilles, à Madagascar, même au Sénégal.

En Europe, en dehors du matériel de guerre fourni à la Russie, on fait appel dans une large mesure aux produits des filatures japonaises, bonneterie de laine et de coton, couvertures, etc.

Le commerce extérieur japonais s'intensifie et se diversifie, réservé d'abord à la soie grège, au thé, à quelques porcelaines et, depuis peu de temps, à quelques tissus de coton, non seulement il s'est développé dans chacun de ces domaines, mais il utilise maintenant l'industrie chimique, la construction mécanique, le matériel électrique, les industries extractives. En même temps, et par suite de cette variété et de cette abondance des produits, nous assistons à une large diffusion du commerce japonais dans le monde entier. Des industries neuves, constituées avec de gros capitaux, pourvues des outillages les plus perfectionnés parce que les plus récents, servies enfin par une marine marchande dont le progrès marche parallèlement au leur, marchent à la conquête des marchés plus ou moins délaissés par le vieux monde en mal de bataille.

V

L'ORGANISATION BANCAIRE

Jadis réduit à un régime quasi-médiéval de distribution du crédit, le Japon est aujourd'hui couvert d'un véritable réseau d'établissements financiers. A cet égard, des progrès considérables ont été accomplis au cours des quinze années qui ont immédiatement précédé la guerre mondiale, comme en témoignent les statistiques pour 1914, récemment publiées par le gouvernement japonais.

En 1899, le Japon comptait 1.942 banques. En 1914, le chiffre correspondant est de 2.153. L'augmentation, quoique réelle, est peu sensible. Mais dans l'intervalle, le nombre des succursales, agences et bureaux a passé de 1.720 à 3.352, c'est-à-dire du simple au double. Ainsi, des localités de quelque importance, auparavant privées de facilités de crédit, ont été appelées à en connaître le bénéfice. Dans le même laps de temps, le capital versé global des banques japonaises s'est élevé de 286 à 645 millions de yens : il a donc plus que doublé.

L'activité des établissements en question s'est accrue suivant une proportion plus importante encore. Les dépôts de fonds effectués durant l'exercice 1899 avaient atteint 7 milliards et demi de yens : pour 1914, ils excèdent 32 milliards de yens. Pour les escomptes d'effets, les chiffres correspondants sont 2,3 et 9,6 milliards de yens. Le volume de ces deux catégories d'opérations, l'une active, l'autre passive, a donc quadruplé. Celui des prêts a un peu plus que doublé, s'élevant de 3 milliards de yens à 7,2 milliards de yens.

L'augmentation des bénéfices réalisés par les banques japonaises a été de pair avec l'accroissement de leur chiffre d'affaires : les profits sont montés à 108 millions de yens, contre 47 millions en 1899. Et comme les dirigeants de ces établissements n'ont eu garde de faire la part trop belle aux actionnaires, le fonds de réserve global des banques nipponnes a presque quintuplé en quinze ans : il s'est élevé de 51 à 237 millions de yens.

En 1915, on assiste, la période de prospérité dérivant de la guerre n'étant pas encore venue pour l'Empire, à une brusque rétraction du volume des affaires : le mouvement des dépôts tombe à 25 milliards et demi de yens, celui des prêts et celui des escomptes à 4 milliards et demi et 4 milliards de yens respectivement. Aussi le chiffre des profits s'abaisse-t-il à 75 millions de yens, sur lesquels les deux tiers sont distribués en dividendes, tandis que la moitié du surplus est versée au fonds de réserve, ainsi porté au total imposant de 250 millions de yens, soit 40 0/0 environ du capital versé.

Les données statistiques afférentes à l'exercice 1916 ne sont pas encore connues. Mais d'après les renseignements fragmentaires qui ont pu être recueillis, la situation présente des banques japonaises serait plus florissante que jamais. Elle permettrait à l'Empire nippon, une fois les difficultés techniques actuelles disparues—et, de plus en plus, le pays sera amené à se suffire à lui-même — de donner une impulsion plus vive encore que par le passé à son industrie et à son commerce, grâce à la puissance, encore accrue au Japon au cours des événements actuels, de ce nerf moteur qui a nom le crédit.

⁂

Les principales banques japonaises sont la *Banque du Japon* (Nippon Ginkô), la *Yokohama Specie Bank* (Yokohama Shôkin Ginkô), la *Banque Hypothécaire du Japon* (Nippon Kangyô Ginko) et la *Banque Industrielle du Japon* (Nippon Kogyô Ginkô).

La Banque du Japon, fondée en 1882, est spécialement autorisée à émettre des billets, partie contre du numéraire ou des lingots d'or et d'argent, partie contre des fonds d'Etat et effets de commerce : en principe, ce dernier élément de la circulation fiduciaire ne doit pas excéder 120 millions de yens. Au cas de nécessité démontrée, il peut dépasser cette limite, mais alors il y a lieu à perception d'un impôt de 5 0/0 l'an sur la différence. Le montant des billets de banque en circulation au Japon n'excédait pas en 1900 226 millions de yens. Il a atteint en 1914 386 millions, et en 1915, 430 millions de yens, dont 169 millions seulement couverts par du numéraire. La limite de 120 millions a d'ailleurs été toujours dépassée.

La Yokohama Specie Bank, créée en 1880, a pour objet de faciliter le commerce extérieur du Japon. Son capital, d'abord fixé à 3 millions de yens, a été porté par des augmentations successives à 48 millions de yens, chiffre sur lequel il a été appelé jusqu'à ce jour 30 millions de yens. Cette banque est autorisée à émettre de la circulation fiduciaire en Chine et dans la péninsule de Liao-Tung.

La Banque Hypothécaire du Japon cumule les

opérations de crédit immobilier avec l'escompte et autres opérations à court terme. Son capital versé atteint 25 millions de yens.

La Banque Industrielle du Japon, au capital, entièrement libéré, de 17.500.000 yens, fait des avances sur titres, des prêts industriels, de l'escompte, etc.

Le tableau ci-après donne une idée sommaire de l'activité, pendant l'exercice 1913, des établissements considérés.

	Banque du Japon	Yokohama Specie Bank	Banque hypothécaire du Japon	Banque industrielle du Japon
	(Millions de yens)			
Dépôts (mouvement total)	9.677	3.269	21	198
Prêts	302	658	248	33
Effets escomptés	229	168	9	168
Bénéfices nets	5 5	4 40	3 58	1 21
Dividendes	4 5	3 6	2 5	1 05
Taux du dividende	12 %	12 %	10 %	6 %
Fonds de réserve au 31 décembre	30,225	21,350	5,54	1,925

En dehors de ces quatre établissements, on peut encore citer, au Japon même, la *Mitsui Bank*, la *Mitsubishi Bank*, et, aux colonies, la Banque de *Taiwan* (Formose), la *Banque de Chôsen* (Corée).

Après avoir sommairement étudié les principales institutions de crédit purement indigènes, il convient, pour compléter le tableau de l'organisation bancaire japonaise, d'exposer l'œuvre accomplie en France et au Japon par un organisme financier de caratère international, créé peu d'années avant la guerre mondiale par la collaboration des capitaux français et nippons.

La *Banque Franco-Japonaise*, société anonyme française, a été constituée en 1912 par un groupe d'établissements de crédit de notre pays, ayant à sa tête la Société Générale, et cinq banques japonaises, de toute première envergure, parmi lesquelles la Yokohama Specie Bank et la Banque Industrielle du Japon, dont nous venons précisément de parler. Son fonds social a été fixé à vingt-cinq millions de francs, mais le premier quart seulement du montant nominal des actions a été appelé jusqu'à ce jour.

Le siège de cette Société est à Paris, avec succursale à Tokio. Ayant ainsi un pied dans les deux pays, elle peut, en temps normal, éviter de passer par l'intermédiaire onéreux et gênant des correspondants, et traiter directement toutes les affaires de crédit, change, ou banque. Depuis le début des événements actuels, l'obligation où s'est trouvé notre pays d'effectuer chez son allié d'Extrême-Orient des paiements particulièrement considérables a déterminé une rupture d'équilibre dans les relations économiques franco-japonaises. Il en est résulté à la fois une hausse notable du cours du yen, passé de 2 fr. 58 à 2 fr. 95 environ, et l'obligation, faute de contre-partie suffisante de change sur la France, de négocier sur le marché de Londres toutes les grosses opérations de change. Mais, même dans ces conditions exorbitantes du droit commun, la Banque Franco-Japonaise a rendu de grands services au commerce d'exportation français, en canalisant, dans sa sphère d'action, les demandes de change sur le Japon, qui sans son intervention seraient venues en ordre dispersé sur la place de Londres. Elle a ainsi contribué dans une mesure appréciable à maintenir à un cours relativement bas le prix de la devise Tokyo. Nul doute qu'une fois les relations économiques redevenues normales, la nouvelle institution ne favorise dans une mesure autrement large le développement du trafic commercial entre la France et l'Empire du Soleil Levant.

La jeune banque, contrariée dans son action par la brusque survenance du conflit mondial, n'en a pas moins joué, comme on vient de le voir, un rôle appréciable dans le financement des opérations de commerce franco-japonaises, au triple point de vue du crédit, des facilités d'encaissement et de la stabilisation du change. Mais, il convient de le signaler, bien que cette catégorie d'affaires constituât le principal élément de son activité, cette dernière ne s'en tenait pas à elle. Ses statuts lui accordant un large pouvoir d'action, elle s'était tournée dès le début même de son existence vers la branche de l'émission des valeurs mobilières, mais elle a su à cet égard, contrairement à la détestable politique suivie par des banques moins prudentes, se borner au papier de premier ordre. En 1913, elle a prêté ses guichets au placement sur le marché parisien de cinquante millions de francs d'obligations de la Compagnie de Colonisation Orientale du Japon, titres garantis par le gouvernement impérial. Il y a lieu d'observer qu'au milieu de l'effondrement général des valeurs à revenu fixe sur la place de Paris, depuis août 1914, les obligations nouvelles ont eu une tenue satisfaisante : elles se traitent actuellement, ex-coupon semestriel, aux environs de 455 francs, avec un marché suivi.

On sait d'autre part quelle importance présentait, au point de vue de la stabilisation du change français sur l'étranger, le placement à l'extérieur des titres d'emprunts de la Défense Nationale, et la rétrocession aux pays débiteurs eux-mêmes des fonds publics précédemment émis pour leur compte en France. Depuis le commencement de la guerre mondiale, la Banque Franco-Japonaise a été chargée, entre autres opérations favorables aux intérêts de notre patrie, de recueillir au Japon les souscriptions à nos diverses émissions de bons, obligations ou rentes et en outre de racheter, à un prix avantageux pour les porteurs français, les Bons du Trésor Japonais 5 0/0 qui cotaient alors une prime importante par rapport au taux de remboursement.

En résumé, si les événements ont temporairement restreint le volume des transactions de cette institution, la Banque Franco-Japonaise se trouve, grâce à la direction habile et prudente des personnalités placées à sa tête, dans une situation des plus solides, qui lui permettra, la paix rétablie, de jouer un rôle de plus en plus important dans le mouvement commercial entre la France et l'Empire du Soleil Levant.

***

Les règlements s'effectuent au Japon, dans une mesure bien autrement étendue, toutes proportions gardées, que chez nous, et grâce au développement de l'usage du chèque, par l'intermédiaire des Chambres de Compensation, au nombre de cinq. En 1915, il a été compensé pour 11 milliards 335 millions de yens de créances, dont un peu moins de la moitié par la Chambre de Tokyo et le tiers environ par celle d'Osaka. Cette circonstance explique la modicité du volume de la circulation fiduciaire japonaise, inférieure, en temps normal, des cinq sixièmes à celui de la nôtre.

Depuis le début de la guerre, le Japon, autrefois fréquemment obligé de solder l'excédent de ses importations par rapport à ses exportations par des sorties de numéraire, a vu se produire tout au contraire un afflux considérable de métal jaune venu régler la balance désormais favorable à l'Empire du mouvement commercial international. Déjà, en novembre 1916, la réserve d'or tant du Trésor que des particuliers, en caisse ou chez les correspondants étrangers, atteignait 621 millions de yens contre 300 en juillet 1914. Depuis, (octobre 1917) suivant des renseignements de bonne source, elle se serait élevée à 924 millions de yens. Loin de s'applaudir d'une semblable invasion, les banquiers et hommes d'affaires nippons, suivant l'exemple des Scandinaves, s'en plaignaient au contraire amèrement.

CONCLUSION

Nous venons de passer en revue, un peu rapidement peut-être, les principaux éléments qui, par leur assemblage, constituent l'armature de la puissance économique japonaise. Nous croyons en avoir assez dit pour montrer quel magnifique avenir se prépare un peuple de 56 millions d'habitants, dont l'effectif s'accroît régulièrement de 8 à 900.000 âmes par an, et qui compte, de l'autre côté de la mer, en Corée, à Formose, plus de 21 millions de sujets. Un peuple de gens sobres, travailleurs, économes, possédant au plus haut degré le culte de la patrie, et prêts à tout sacrifier pour la grandeur et la prospérité nationale. Un peuple enfin qui n'a point connu le terrible fléau de la grande guerre, sinon pour entreprendre une glorieuse mais courte campagne de quelques semaines. Alors que les Alliés, épuisés par une lutte longue, meurtrière et coûteuse, auront à faire des efforts surhumains pour reconquérir leur ancien rang dans le monde avant que de songer à progresser de nouveau, l'Empire du Soleil Levant, loyal adhérent de l'Entente, mais mieux favorisé par les circonstances, pourra consacrer toutes ses forces vives à l'expansion économique au dedans comme au dehors.

Paris. — Imprimerie G. Cadet, 7, rue Cadet

www.ingramcontent.com/pod-product-compliance
Lightning Source LLC
LaVergne TN
LVHW021642170726
843501LV00007B/2371